Holm Kohlmann

Oberlausitzer Weisen

Oberlausitz heißt die Landschaft im Osten des Freistaates Sachsen, an der Grenze zu Polen und der Tschechischen Republik. Die bekanntesten Städte sind die Hauptstadt Bautzen; Bischofswerda, das Tor zur Oberlausitz im Westen; Görlitz, die östlichste Stadt Deutschlands; Zittau im Süden und Weißwasser im Norden.

Die Oberlausitzer Weisen sind eine liebevolle Hommage an Landschaft, Städte, Bräuche und die Leute in dieser einmaligen Region.

Wer die Oberlausitz kennt, wird diese Gedichte lieben, wer diese Gedichte gelesen hat, wird die Oberlausitz lieben.

Biogramm des Autors

Holm Kohlmann, geboren 1966, lebt in Bautzen. Er studierte Elektrotechnik/ Informationstechnik in Magdeburg und Karlsruhe. Der Autor arbeitete vor allem in der Softwareentwicklung und ist seit 2006 freiberuflich als Schriftsteller tätig.

Veröffentlichungen:

Gedichtbände
„Oberlausitzer Weisen"
„Deutscher Edelmann"
„Hymne des Herrn"

Fantasieroman „Unendlich Erdenhimmel"

Utopischer Roman „Atomatica"

Zahlreiche Anthologiebeiträge

Holm Kohlmann

Oberlausitzer Weisen

Gedichte

Herstellung und Verlag: BoD - Books on Demand, Norderstedt

ISBN 9783743159730

der Oberlausitz gewidmet

Gottlob

Gottlob, du weißes Licht der Welt,
Seelreinigend in heil'gem Geiste.
Macht, die das Leben stets erhält,
Unendlich Liebe Raum erweiste.

Allah, Buddha, Shiwa, Chi,
Naturmagie, Planeten, Rituale:
Facetten dein, Kraft-Energie;
Der Mensch darf wählen ein'ge Male.

Gottlob an die Gedanken hier:
Der Sinn des Lebens nur allein,
Trifft Geisteswesen, Menschen wir,
Muss himmlisch irdisch glücklich sein.

Beim Bäcker

Schon fünfzig Meter vorher duftet es nach Pfannenkuchen.
Dank dem Bauernverband, der mit Sinn und Verstand
Grundlagen schuf, Wunderwerke Backkunst nun zu versuchen.
Verführerisch Auslage perfekt gestapelt an den Rand.

Hmmm, wer bäckt diesen Kuchen auch ungerufen?
Knusprige Brötchen, appetitlich Brezeln.
Ein rundes dampfendes Brot braucht keiner zu suchen.
Verschiedenste Torten, ein Spaß beim Rätseln.

Blechkuchen, Mohnkuchen, Zuckerkuchen, Kirschtorte,
Erdbeersahnetorte, Quarktorte, gefüllter Streusel,
Kleine Päckchen, Kekse verschiedenster Sorte.
Beim Bäcker schmeckt es immer lecker.

Im Januar Vogelhochzeit Einzug hält.
Schaumvögel, gefüllte Nester für den Mund.
Von vielen Kindern längst erwählt,
Fürs Bäuchelein bald dick und rund.

Das Umgebindehaus

Pfefferkuchen Häuschen, doch wohl Handwerker Heim,
So hübsch und so traulich, gemütlich und fein.
Fledermaus Walmdach, Menschen Freud geht auf,
Steht es am Walde, nimmt sich's einzigartig aus.

Eigenwillig Architektur Faszination auslöst,
Baukörper umbunden vom Tragegerüst.
Holzstütze dreiseitig um die Bohlenstube führt,
Stubenkörper Daches lastfrei, richtig rührt.

Dieses einzig Bauwerk, auch Holzstube genannt,
Selbständig Herzstück aller Umgebindebauten bekannt.
Wohn- und Arbeitsraum in einem,
Ihn aus Kanthölzern gefertigt meinen.

Vornehmlich Nadelhölzer wie Fichte und Kiefer verbaut,
Wasserreich Landstrichen auch Erlen, Eschen, Eichen schaut.
Zu früher Zeit Holz Stämme mit dem Beil behaun,
Stuben unbearbeitet Seite musste nach außen schaun.

Umgebinde Konstruktion aus Holz,
Ein sich verstärkender Verband sein soll's.
Abstand zweier Säulen bildet das Joch,
Stark bestimmend die Gestalt des Hauses jedoch.

Dächer teilweise mit Stroh oder Schilf bedeckt,
Später Naturschiefer und Dachziegel entdeckt.
Dieses gelungen Abschluss bildet,
Bewunderung Volkskunst uns nun einhüllet.

Heimisch Bockwindmühle

Einsam steht sie auf dem Hügel,
Dem Zauberer Krabat war's Pläsier.
Bilder Formen verschmelzen ohne Zügel.
Unserm Dorfe stets zur Zier.

Ältester Windmühlentyp überhaupt,
Meisterwerk der Technik.
Auf Balkenkonstruktion, dem Bock, erbaut.
Wandermühle einst ihr Geschick.

Holzkonstruktion klipp klapp, klipp klapp,
Korn zu Mehl gemahlen.
Dafür ihre Räder auf Trab.
Dem Müller musste man's zahlen.

Vier Jahreszeiten

Es ist so schön in unserm Land,
Der Wechsel von vier Jahreszeiten.
Sonne und Wind sind Unterpfand,
Hold Landschaften verwalten.

Der Frühling küsst die Blumen wach,
Natur langt dem Entfalten.
Vermehrung Pflanzen ist sein Fach,
Die Arten zu erhalten.

Der Sommer bringt es richtig heiß.
Alles kann kräftig wachsen.
Ein Regenguss, welch großer Preis,
Musst Leben in Hitze schmachten.

Der Herbst malt Blätter farbig an,
Allmählich wird es kühler.
Blätter fallen wundersam.
Wind bläst scharf dem Fühler.

Den Abschluss dann der Winter bringt,
Frost, Eis und Schnee soll fallen.
Die Welt ganz weiß man jetzt besingt,
Neu Jahr kommt wieder allen.

Hurra Frühling

Frühling zeichnet feine Skizzen,
Bunt blühend Wiese froh gemalt.
Zierlich sprießen grüne Spitzen,
Hellblauer Himmel neu erstrahlt.

Spaziergang in Natur so frei,
Voll Lebensfreude Mensch und Tier.
Alle Herzen sind dabei,
Jahreszeit wie schön von dir.

Im Geäst nicht nur die Meise,
Welch Aroma - Frühlingsluft,
Kaum noch ein Vöglein zwitschert leise,
Wen lockt nicht erster Blumenduft.

Hurra Frühling.

Geburtstagsgruß

Gesegnet seien Körper, Seele und Geist.
Vollkommene Lebensfreude und riesiges Glück.
Ein langes Leben und blendende Gesundheit.
Überall Erfüllung und einen traumhaften Beruf.
Unendliche Begeisterung und jederzeit beste Stimmung.
Viele Geschenke aus allen Himmelsrichtungen.
Schaffenskraft, Motivation und Sinnlichkeit.
Auch eine sehr abwechslungsreiche Praline
Mit passender Schleife,
Einen großen duftenden Blumenstrauß und
Eine Flasche französischen Sekt.
Sowie ein gigantisches Fest, das man nicht vergisst.
Wir freuen uns schon auf das nächste Mal.

Omi hat Geburtstag

Omi hat Geburtstag heut,
Ob Ost, ob West; es wissen die Leut.
Die Heimat hat sich fein gemacht,
Dieser Tag ist für sie gedacht.

Ein jedes Lebensjahr wird schön,
Wenn wir es feierlich begehn.
Im Wohnzimmer wir stets Sektflaschen fanden,
Omi hat es recht verstanden.

Mit allen Nachbarn wohlbekannt,
Gibt man sich hier die Klinke in die Hand.
Ein Kaffeekränzchen nicht zu verhehlen,
Omi darf dabei keinesfalls fehlen.

Jeder bringt Geschenke dir,
Für die Gäste gibt es Bier.
Und auch andre Süßigkeiten,
Darum muss sich keiner streiten.

Das Wohl der Lieben glücklich macht,
Hoffentlich wird viel gelacht.
Witze, Sprüche sollen's schaffen
Und viele Korken sind im Krachen.

Fortgetragen sei die Kunde.
Wir wünschen Dir aus einem Munde
Gesundheit, Freude und viel Glück.
Bleib uns bitte immer so schick.

Herzlichste Wünsche zum Geburtstag!

Rentnerlust

Das Lebenswerk ist nun vollbracht,
Die Arbeit ruht,
Es ist geschafft.

So schön die Stadt ist anzusehn,
Tagsüber,
Wenn andere zur Arbeit gehn.

Freiheit endlich aufgenommen
In des Lebens tollen Lauf,
Schillernd Ideen dürfen kommen.

Endlich kann man lassen, tun
Vereine, Hobbys, Urlaubsreise.
Und dann davon richtig ruhn.

Tief entspannt im Schaukelstuhl
Zeitschriften, Presse, Literatur.
Dazu noch ein Trink ganz kuhl.

Erscheinen Enkel großer Schar
Oder Menschen liebe da,
Freude bringt es Jahr für Jahr.

Nicht nur steht Erinnerung,
Aktiv zu sein heißt die Parole,
So bleibt ein jeder ewig jung.

Verzierte sorbische Ostereier

Ostern, Du weltweites Urfest der Hoffnung.
Ei, Du Symbol des Lebens, des Glücks und der Fruchtbarkeit.
Lausitz, Du Sitz sorbisch Brauchtums und Eingebung.
Eiermalen, Du Kunst voller Geduld und Geschicklichkeit.

Nicht künstlerische Perfektion, sondern Freude und Erholung zählen,
Wenn man in Familien gemeinsam Ostereier malt.
Alt Brauch des Ostereierschenkens zu gedenken.
Angeregt Kreativität zur Kunst strebt ohne Halt.

Traditionell Hühnereier; Schale ebenmäßig Fläche geeignet.
An Zusammenschlags Klang Festigkeit hören kann.
Wachstechnik älteste und weit verbreitet,
Harmonie, Rhythmik und Gleichgewicht dann.

Passend zugeschnittene Gänsefedern verwendet,
Mit Teelicht Wachs im Löffel erhitzt.
Wachs Ornamente mit Federkiel aufträgt.
Ei in Farbe getaucht, vielleicht auch geritzt.

Vier Techniken man kennt:
Wachsbossier, Reserve, Kratz- und Ätz-Technik mit Verlaub.

Rot Eier warn üblich als Patengeschenk,
Doch alle Farben sind erlaubt.

Lausitzer Osterreiten

Des Lebens schöne Reise hält das letzte Wort.
Seine Auferstehung heißt die Verkündigung.
Halleluja im weiten Lausitzland schwingt fort.
Nachricht dem Publikum, des Herrn Huldigung.

Verständnis Sprache der Tiere, Pflanzen und Bäume,
Des Wassers und der Naturgewalten
Gehörten Alt-Bauern zum Leben, zur Freude,
Zur Bitte reich Segnung immer gehalten.

Heut aller Berufsstände Vertretung ergänzen.
Mit schwarzem Gehrock, Zylinder auf dem Kopf.
Kirchenlieder singend und Stiefel glänzen.
Geflochten und toupiert der Pferde Schopf.

Alle Pferde gestriegelt und geputzt,
Festlich Geschirr aus Metall und Leder.
Am Schwanze gestickte Schleife, verzierter Sattel genutzt.
„Es wird geritten!", hallt's in der Kirche wider.

Ganz besonderer Segen öffentlich Glaubenszeugnis.
Erst Reiterpaare tragen Kirchenfahnen dort.
Ein Reiter Statue Christi mitführt, ein Kreuzträger mit Kruzifix gewiss.
Hunderte Männer auf Pferden prächtig, singend von Ort zu Ort.

Am Ziele längst grüßen jubelnde Glocken,
Kirchenchor stimmt melodischen Satz an.
Nicht nur der Kardinal war als Gast zu locken.
„Haltet das Osterreiten in Ehren!", man hört ihn
sagen dann.

Maiwonne

Im Mai, im Mai
Gibt's oft Liebelei,
Laternen in den Bäumen,
Zeit schwärmerisch versäumen.

Das Festival der Blüten
Ist kaum zu überbieten.
Riesen Meer der Farbigkeit
Klasse, Rasse, Monatsweit.

Himmelsduft, Musik und Tanz
Kirschenblütenzeit im Glanz.
Musikant der Leidenschaften,
Reiz und Zauber Leib anhaften.

Mai hat Gutes nur im Sinn,
Schüttet lauter Wohltat hin.
Beschenkt das grüne, frische Feld,
Wie verwandelt ist die Welt.

Schöner Gartenfreud

Rasen, Blumen, Sträucher, Bäume
Schaffen rein ästhetische Räume.
Der Fantasie sind keine Grenzen gesetzt,
Deseiner Gartenträume jetzt.

Gartenstühle, Tisch herbei,
Grillbesteck und allerlei.
Unterm Rost die Kohle glüht,
Bald appetitlich Duft umzieht.

Wind kommt durch den Gartenzaun,
Wiegt alle Pflanzen in einen Traum.
Blätterrauschen, typisch laut,
Wohlgefallen so vertraut.

Bienen summen, Grillen zirpen,
Schafe mähen, Hunde bellen,
Vogelzwitschern in der Höh,
Und der Nachbar ruft: „Juchhe."

Eichhörnchen im Haselbaum
Gar zu niedlich anzuschaun.
Und der Schmetterlingsstrauch
Folgt seinem Brauch
Mit Duft Schmetterlinge zu locken.

Soviel Sorten Grün
In sauerstoffstrotzender Luft.
Entspannung pur, ein jeder wird gesund.

Vielleicht heimlich wirken die Elfen und Feen.

Blau-Gelb Bautzen

Hoch auf granitnem Felsen thront eine alte Stadt,
Geprägt von eigen Lebensweisen.
Turmreich Jahrhunderte bestanden hat,
In Krieg und Frieden, im Lauten und Leisen.

Kraftvoll, stark ist die Befestigung:
Stadtwehr, Ortenburg, innerer und äußrer Ring.
Rathaus, Kirchen in Harmonikum,
Mittelalterlich Erscheinung nicht gering.

Als Oberlausitz Hauptstadt Blau-Gelb im Wappen trägt,
Für sorbisch Licht und Brauch Blau-Rot-Weiß erhellt.
Die sächsisch Zugehörigkeit nun Weiß-Grün belegt,
Schwarz-Rot-Gold sich deutscher Demokratie gesellt.

Wo so herrlich romantische Häuser stehn,
Aus vielgestalt Landschaft Bautzen eindrucksvoll ragt schon.
Die Heiterkeit ist nicht zu übersehn
Bei Vogelhochzeit, Frühlingsfest und Osterreiterprozession.

Verträumt sich windend durch Seidau und Humboldthain,
Durch alt Kronprinzen-, neu Friedensbrücke seh.

Beliebt bei schnatternder Enten Schar als Heim,
Ach, wie schön ist doch Bautzen mit der Spree.

Puppentheater in Bautzen

Im Schutz der festen Ortenburg
Steht eine Art Burgtheater nett.
Kunstfertigkeit Fassade Originalgeburt
Ziert hinter Glas der Rietschel Giebel sehr adrett.

Beherbergt nun Holzpuppen tanzen
An Fäden lang geführt.
Zur Unterhaltung brechen Lanzen,
Puppentheater hier regiert.

Ein Ruf geht durch die Stadt:
Grandiose Vorbereitung, Fleiß,
Neu Schauspiel im Ergebnis hat.
Und Karten sind begehrt ganz heiß.

Hallo, ihr kleinen und großen Kinder.
Seid ihr alle da? Oder seid ihr alle nicht da?
Heut wird ein jeder zum Gewinner.
Dafür steht der Kasper ja.

In der Geschichte toll,
Wir irgendwohin fahren wieder.
Der Bösewicht hegt schon den Groll
Und märchenhaft erklingen Lieder.

Stunden voller Glück, Geschichten,
Lichter, Spektakel den Raum erfüllen.
Das Publikum soll nachher richten,
Doch öfter kann's vor Lachen brüllen.

Der Vorhang schließt, sich über'n Boden wälzend,
Applaus, Applaus im vollen Haus.
Schausteller, Puppen verbeugend verschmelzen.
Kurz Zugabe, dann ist alles aus.

Und auf dem Plakate
Neu Meisterstück steht.
Man holt es zu Rate
Und geht.

Bautzen Deine Türme

Am Anfang war die Spree.
Ein Fluss mit Charakter, speisend Stausee.

Es schlägt eins der Rathausturmuhren drei.
Geschäftiges Treiben, der Rundgang ist frei.

Unser Weg im barocken Klang,
Reichenstraße, Reichenturm ziehen uns an.

Kirchliche Frauenstimmen glaubt man, dort hört,
Blick zur Liebfrauenkirche ungestört.

Stabil wendisch Turm an alter Kaserne,
Wendische Klänge, wer hört's nicht gerne.

Am Schülerturm geschäftiges Treiben,
Markant Bauwerk kaum zu beschreiben.

Die Gerberbastei unheimlich wuchtig.
Passend, kriegerisch Getöse gehörig.

Matthiasturm König Corvinus geweiht,
Ungarische Themen man hier einreiht.

Kutschengeräusch, Pferdegetrappel kommen heran.
Auf Ortenburg's Hofe Theatersommer steht an.

Karasek- oder Burgwasserturm an der Seiten,

Wohl *Räuber und Wasser Geräusche* beschreiben.

Michaeliskirche am steilen Hang,
Verbunden mit sorbischem Kirchengesang.

Alte und Neue Wasserkunst, Wasserturm steht
Für Fördergeräusche, kunstfertig Wasser erhebt.

Knusper, knusper Hexenhäuschen in anderer Rubrik,
Hierher Zigeuner- und Beschwörungsmusik.

Am Reiterstandbild Lauenturm kann man verbleiben.
Assoziierend Sächsisches den Sachsen, altes Handelstreiben.

Es schlägt zwei der Rathausturmuhren drei.
Geschäftiges Treiben, der Rundgang ist vorbei.

Aus dem Petridom schallt kurz ein Orgelklang,
Würdiger Abschluss ein Messgesang.

Ein Fluss mit Charakter, speisend Stausee.
Am Anfang war die Spree.

Mit dem Bautzener Bahnhof

Das war damals ein Trara,
Als die Strecke wurde eröffnet.
Achtzehnhundertsechsundvierzig hieß die Zahl,
Linie Bautzen-Dresden war.
Der Bau des Bahnhofs neu präsent,
Näher nun der Reiseziele Wahl.

Am Vorplatze beginnt die Atmosphäre
Mit Pflanzenmustern begeisternd Thema,
Taxi Rondell mit rundem Haus gehört dazu.
Und was der symmetrisch Bahnhof wäre,
Ohne die schwarze Lady Zweiundfünfziger
Dampflok da.
Bahnfans Herzen schlagen höher bei dem Blicke
immerzu.

Menschen mit Taschen von zur Arbeit, in den
Urlaub
Treten ein und aus der kubischen Halle.
Empfangen vom Charme der guten alten und
neuen Zeit
Unter riesigen Leuchtern und Fenstern im
zwanziger Jahre-Flair.
Buch und Presse, Reisezentrum, Bistro „Gute
Fahrt" für alle.
An Wänden heimischer Gewerke Bilder zur Zier
und Zufriedenheit.

Auf dem Bahnsteig Schautafeln und große Uhr

Irgendwie wirkt die Bedachung Geborgenheit gebend.
Güterbahnleuchten, Lichter aus der Ferne, Loksignale.
Weichenunterbrochene Gleise wecken Sehnsucht nach großer Tour.
Holzbeladene Rungenwagen und Getreidetransporte stehend.
Vorsicht, es kommt ein roter Pfeildesiro für's Abfahrfinale.

Sommertheater auf der Ortenburg

Das Eingangstor steht weit geöffnet,
Unheimlich heimatliches Treiben.
Bald hunderte Zuschauer auf perfekt schräger
Tribüne,
Lautstarker Einpeitscher, der Programmhefte
Hüne.

Zwischen Puppentheater, Burghof, sorbischem
Museum,
Dem Schlossgebäude als Hintergrund,
Blickt der geehrte Gast fast wie in *Puppenhaus*
Räume,
Drehhaus, Bühnenwerk und hohe integrierte
Bäume.

Künstlicher Teich, einfassend gestaltete Fassaden,
Pferde, Kutschen aller Varianten.
Die Klingel läutet, kein Vorhang geht auf,
Virtuosen der Leidenschaft bringen Dinge in Lauf.

Welch Theater im Theater und Gesang,
Ballett Tänze, vergangene und moderne Musik.
Skurriles und Kabarettistisches auf dem
Schauplatze verliert,
Gottes Schalk die Lachmuskeln strapaziert.

Das Feuer der Begeisterung ist entfacht,
Die Zuschauer leben wieder neu.
Gefühle ausgeträumt, Tanz in die Nacht,

Der Abend hat tausende Farben gebracht.

Wir sehen den Weg und das Ziel
Und wenn es Wahnsinn ist.
Geflügelte Worte wechseln die Seiten.
Kontrastreiches Spiel die Schauspieler begleiten.

Die Bühnenbilder ändern sich beinahe fließend.
Gewaltige Akustik, theatralische Klänge.
Exaltierte Gestiken, der Liebe Schmerz,
Hier altert nie mein fröhlich Herz.

Abschlusstreiben nimmt kein Ende,
Traditionell ein prächtig Feuerwerk.
Alle klatschen in die Hände,
Bis zum nächsten Sommerwert.

Nach den alten Weinbergen

Vergangner Zeit Wein bepflanzt,
Wachstums Areal neu hervorgeholt.
Therapiert *Flächen Chance*,
Frische Trauben gewollt.

Weißer Burgunder, blauer Portugieser,
Abstand Brücke Heilig Geist.
Des Abends Wirrung zum Klavier,
Hänge dem Gast, der reist.

Warum schmeckt so gut
Der Ort gewachsen Wein?
Schluckt gierig Verlangens Glut?
Eigenschaften denkt, inhaliert dem Sein.
Nach den alten Weinbergen Bautzen Geschmack.

Schwarze Raben

Krah, Krah heißt's Losungswort,
Schwarz Flattern im Stadtpark.
Krah, Krah geht's in einem fort,
Schwarm recht bald startklar.

Es kreist der Vögel Menge,
Steigt gleich Gewölk empor.
In Lustgeschrei und Lärme
Entsteht der Raben Flor.

Schwarz schillernd Metallglanz,
Schwebend Kreis fliegt fort.
Kolonie bald leer ganz,
Doch hier der Vogel Hort.

Urzoo Kleinwelka

Am Rande Bautzens liegt ein bedeutend Ort,
Kleinwelka Heimat prähistorisch Park.
Ungewöhnlich Zoo Bewohner dort,
Reich Plastiken zum Bestaunen stark.

Saurier, mächtig wie die Bäume
Mit kräftig Schwanz fürs Gleichgewicht.
Lebten Millionen Jahre vor der Menschen Träume,
Naturgroß Tier bekommst Du zu Gesicht.

Urwaldlaute, könnte man meinen.
Hinter jeder Ecke lauert unbekanntes Wesen.
Mit ausgeprägtem Sozialverhalten,
Räuberisch Ernährung oder Pflanzenfresser gewesen.

Der Liebe

Du bist wie eine Blume,
Die täglich anders von neuem erblüht,
Wie der göttliche Bergkristall,
Wenn er in Regenbogenfarben schillert,
Und eine Muse der Fröhlichkeit.
Wirkst wie eine ekstatische kosmische
Lichterscheinung,
Berauschend wie ein junger Wein.
Selbst an grauen Nebeltagen
Strahlst du wie die goldene Sonne.
Wenn du nicht da bist, fehlst du regelrecht.

Waldeisenbahn

Attraktion auf schmaler Spur,
In Muskauer Faltenbogen gebettet.
Damals Gütertransport einer Fuhr,
Museumsbahn Personen gerettet.

Sonderfahrten mit Dampf und Diesel,
Gastro-Betreuung in beheizten Wagen.
Rhododendron- und Azaleen-Park Kromlau,
Weißwasser, Muskau mit historischen Lagen.

Bad Muskau

Dankt Existenz der Neißefurt
An einer alten Handelsstraße.
Start durch eine Wasserburg.
Bald Kleinstadt Köhlerei-Produkte.

Der erste Mai achtzehnhundertfünfzehn
Gilt Pückler-Parks Geburtstag.
Moorbad bietet Erholungskuren
Der grünen Oase Heilbad.

Heida Heide Muskau

Großes geschlossenes Waldgebiet für
Deutschland.
Dominante Kiefernwälder, Jahrhunderte alte
Laubbäume.
Eichen, Buchen, Espen, Eschen.
Sumpfromantik, der Erdgöttin Träume.

Selten Reichtum an Flora und Fauna.
Wollgras, Glockenheide, Sonnentau.
Birkhuhn, Wiedehopf, Braunkehlchen.
Fantastisch Schutz Gebiete Schau.

Der Muskauer Park

Dort, wo die sandigen Wälder der Lausitz beginnen,
Deutsche Sprache, kennst Du ein Wort?
Liegt ein wunderschöner Landschaftspark.
Aus Pflanzen, Stein und Boden zu Sinnen,
Durch Aufschüttungen, besser Bodenqualität Ort.
Sandigen Berghanges Befestigungen erstarkt.

Im Oberlauf der Herrmannsneiße sind Wasserfälle angelegt.
Daraus der Eichsee konnte wachsen.
Und nun waren Bergpark, Badepark, Niederpark, Schlosspark.
Zeitgleich drei Blumengärten angeregt.
Natürlich Landschaft moderat übergeht in ihren Achsen.
Kommunizierende, geschwungene, romantische Wege; Landschaftspark.

Brücken verbinden Hügellandschaft.
Brücken überwinden Wasserläufe und natürliche Schluchten,
Genesend Kurbetrieb im Moorbad.
Große Perle der Gärtnerschaft.
Tausende Bäume sie hierher brachten,
Nach Graf von Pückler-Muskaus Rat.

Schach in Leidenschaft

Majestätisch aufgebaut steht das Spiel der Könige.
Figuren wie Soldaten stramm, harren Spieler fröhliche.
Schwarz und Weiß können nicht weichen,
Stolz der Polarität des Lebens gleichen.

Weiß mit dem Ziehen beginnt,
Ohne Remis einer gewinnt.
Schwarz ist als zweiter dran,
Gibt auch Spielprägung an.

Ein Bauer schnellt vor,
Fast wie ein Tor.
Ein zweiter dagegen.
Vielleicht wird's ein Segen.

Und so geht es Hin und Her.
Angriff, List und Gegenwehr.
Diagonal kommt der Läufer an,
Sagt: „Bin nur armer Wandersmann".

Turm streicht entlang der Linie.
Strategisch, taktisch wie Lawine.
Sein Bollwerk stark errichtet ist,
Kein Genie so schnell vergisst.

Ein Pferdchen stolpert über eine Dame,
Auf dass dies Spiel nicht so erlahme:
„Ich bin nicht die Figur zuletzt,

welche sich matt setzen lässt."

Der König sich rettend aufs schachlose Festland.
Nun, da steht er ganz am Rand.
Ein Opfer, oh Graus!
Schach matt! Das Spiel ist aus.

Am Silbersee

In landschaftlich schöner Waldlage
Eingebettet Erholungsgebiet liegt.
Mittendrin Wildlehrgarten, wie nicht alle Tage.
Durch Heide- und Teichgebiet Entdeckerlust
siegt.

Unser Johannes Karasek

Prag geborener Johannes Karasek,
Hauptmann einer Räuberbande.
Stets wohlhabender Leute Schreck,
Arme hatten nichts im Lande.

Mit Stammsitz im Leutersdorfer Dörfel,
Böhmische Exklave auf Sächs'schem Gebiet.
In dieser Gegend fielen die Würfel,
Wahrheit und Legenden darüber schrieb.

Viel liebend und viel geliebter Schreiner,
Tschechisch und deutscher Sprache mächtig.
Viel kleine Schätze harrten seiner.
Im Wald vergraben, noch so prächtig.

Auch wenn am End gefangen dann
Heimatfigur der Oberlausitz,
Stoff kulturell bald irgendwann:
Räuberpistole, Knall und ein Witz.

Im Fluss der Spree

Mein Heimatfluss des Wassers und Regens.
Beweglich Kunstwerk in Landschaft gesetzt.
Weit naturbelassen Schönheit Gebens,
Stimmung froh und sorglos geschätzt.

Sinnlich treten sie zu Tage,
Drei Quellen; Neugersdorf, Ebersbach, Berg Kottmar.
Umsäumt von hundertjährigen Buchen und alter Fichten Sage,
Bergblumen schmücken Spree Kinderstube Jahr.

Begleitet vom Vöglein, Dompfaff genannt,
Beginnt nassen Elementes Reise.
Lob manchem Waldteich, Biotop gebannt,
Richtung nehmend Art und Weise.

Aus urwüchsig Natur gen Spreequelland.
Schlaraffia Umgebinde und Fachwerkhäuser,
Windmühlen, Sonnenuhren, Tradition verwoben Band.
Szenen gemalt ganz ungeheuer.

Stattlich Flüsschen bereits in Friedersdorf windet sich
Hindurch unter vielen Brücken.
Zur Kostbarkeit Spreepark wildromantisch,
Um bald die Republik Schirgiswalde zu beglücken.

Vorbei an der Körse Geheimnis,
Deine Augen träumen herüber vom Fluss.
Aufgemuntert weiter Strebens,
Rauschen, Geplätscher sanft wie ein Kuss.

An Wilthen vorbei, über Großpostwitz
Durch das altehrwürdige tausendjährige Bautzen.
Mit Spreebrücke bester Blick auf Hauptstadt Oberlausitz,
Silhouetten Genüsse erlaubt sind.

Und weiter Biosphärenreservat Heide und Teich Landschaft,
Ein Mosaik an vielfältig Lebensräumen geschützt.
Mit Fischotter Paradies erschafft,
Seltenen Pflanzen, Seeadler oder Sperlingskauz.

Nun schlängelt sie durch schönes Spremberg, Cottbus,
Reservat Spreewald, Neuendorfer und Schwielochsee.
Attraktiver, harmonischer Raumordnung Gruß,
Gewürzgurken, Kahnfahrten, Sommerfrische.

Beeskow, Fürstenwalde, in die große Stadt Berlin,
Die Gottheit nennt sie Spreeathen.
In die Havel mündet nun die Spree.
Geliebte, wann werden wir uns wiedersehn?

Ha zwei Oh

Leise rauschend von Anbeginn,
Liegt ihm der Schlüssel unserer Welt.
Leben bringend des Wassers Sinn,
Informationen führt es ungezählt.

Klimaanlage des Blauen Planeten,
Dampf und Eis und Flüssigkeit.
Daseinsraum von Pflanzen und Tieren,
Geheimnisse des Universums hält es bereit.

Gefrorene Kristalle zeigen uns sein Wesen pur,
Menschen Bewusstsein und Worte in sichtbaren Formen.
Schönste Gebilde nach den Prinzipien der großen Natur,
Doch wo finden wir die wahren Normen?

Form ist Leere und Leere ist Form,
Millionen Jahre fallen Schneeflocken auf die Erde.
Nirgendwo zwei gleiche Schneekristalle, enorm.
So ist wohlschmeckenden Wassers Gebärde.

Tropfen, munteres Plätschern und Murmeln,
Entzückende Wassermusik, Seelenmassage Werden.
Als natürlich Spiegel kann's Umgebung reflektieren,

Holt uns sogar den Himmel und die Wolken auf Erden.

Kirschau, du hast eine Therme

Geheimnisumwittert und uralt
Wehranlage, Burgruine Körse.
Tausend Jahre steht sie halt,
Einst Sechsstädtebund zerstörte.

Namensgeber für die Therme
Im traumhaft Kirschau lebt.
Wo so mancher einfach gerne,
Entspannung und Gesundheit strebt.

Hat das Wasser wohlgetan,
Im angenehm beheizten Becken,
Wanderung im Ort steht an.
Abschließend Körper richtig strecken.

Zuggedicht

Tack-tack; tack-tack; tack-tack; tack-tack.
„Die Fahrscheine bitte!"
So sagt der Schaffner
Nach alter deutscher Sitte.

Die Landschaft leicht vorüberfliegt,
Gedankenlauf sich frei ergibt.
Die Beine richtig ausgestreckt,
Arme links, rechts abgelegt.

Tür auf, Tür zu
Es wird keine Ruh.
Menschen kommen und gehen,
Viel gibt's zu sehen.

Geschichten hier, Geschichten dort
Faszination an jedem Ort.
Der Dichter selbst kann nun errichten
In seinen neuesten Gedichten.

Nächster Halt wird angesagt,
Frisch aufgestanden unverzagt.
Unser Zug sanft hält,
O Du wunderbare Welt.

Fröhliche Dichtkunst

In der Dichtung soll man reimen,
Leichter Stoff als Unterricht.
Nur einmal vom Lachen Weinen,
Dann wird es zum Frohgedicht.

Inspirierend Worte Gleiter,
Leicht Gedanken werden frei.
Wolken schwebend Wellenreiter,
Erhaben Wohlgefühl dabei.

Wenn man gern zum Buche greift
Und alle Sinne sind geweckt,
Für selten Sprüche lang gereift,
Erreicht Bestimmung Dinge Zweck.

Warum habt ihr aufgehört zu schreiben?

In der Schule habt ihr geschrieben.
Dann kam die große Härte.
Wählt die rechte Ausbildung.
Lernt einen soliden Beruf.
Seid immer regelmäßig.
Pflegt Euer Handwerk.
Dann bekommt ihr monatlich Einkommen.
Und später vielleicht sogar eine Rente.
Selbst was Vater sagte, stimmt heute nicht mehr.
Doch warum habt ihr aufgehört zu schreiben?

Im Sommer

Wellen der Begeisterung Temperatur anhebt,
Sommer Herrlichkeit auf Erden.
Pflanzenmeer im Konzert der Sinne gewebt,
Hell erleuchtet die Natur im Werden.

Sonnenblumen weit und breit,
Holla hi ha, hi ha Höh.
Ein hübsches Mädchen in seinem Kleid
Sang so zart und schön.

Besondere Hormone sind geweckt,
Urlaubsstimmung und Reiselust.
Jeder zeigt, was in ihm steckt,
Verkehrsverbund sowie Tourismus.

Wird's am Tage noch so heiß,
In den kühlen Teich kopfüber.
Empfohlen ein kaltes farbenreiches Eis.
Aus dem Radio schallen Stimmungshits rüber.

Irre ist die Lust auf Leben,
Begehrter Sommer uns gewogen.
Lachend stehen wir im Regen.
Freude unterm Regenbogen.

Im Biergarten werden die Umrisse länger.
Kling, Klang unterm Himmelszelt.
Unter Sternen kündet der Ewigkeit Sänger
Lebet leicht und seid erhellt.

Gewitter

Und wie ein Strom, geschwillt von Regengüssen
Aus seines Ufers Bette brausend stürmt,
Kommt das Wetter, mit entbundnen Wogen,
Auf alles, was da steht, herangezogen.

Donner grollen, Blitze zucken,
Warme Luft wird abgekühlt.
Kräftig weht der Wind über Felder,
Gebogene Pflanzen zum Reigen nun selber.

Tropf, tropf, tropf, auf dem Dache
Fängt es langsam an zu hämmern.
Sich mehr verdichtet bis es steht.
In frei Natur zum Rauschen übergeht.

Minuten vergehen, formen sich zu Stunden,
Menschen und Tiere sind untergestellt.
In Mustern fällt das Wasser des Lebens
Hoffnungsvoll warten, nie vergebens.

Allmählich Geräusche langsam abschwellend,
Ungehemmt Wetter weiterzieht.
Ausgewaschen Atmosphäre, Gewitterduft,
Tief eingeatmet diese Luft.

Pumphut

Abstammend aus Spohla bei Hoyerswerda war er.
Eine Zigeunerin sagte weis:
„Dieser Knabe wird ein großer Herr,
Ohne Reichtum, aber mit magischem Fleiß."

Jung war das Müllerhandwerk erlernt,
Alles konnt er in der Mühle.
Für die Wanderschaft immer erwärmt,
Rastlos getrieben, des Laufens nicht müde.

Unterhielt die armen Menschen mit Zauberei
Für Wasser und Brot und Speck.
Mit geizigen Reichen trieb er allerlei,
Sie mussten ertragen so manchen Geck.

Vom Kirchturm sprang er in den Himmel,
Vielen er Glückstunden gebracht.
Eulenspiegel, der Oberlausitz Lümmel,
Seine Figur steht in Wilthen mit Wanderweg erdacht.

Ein kleiner Mann mit rotem Wams,
Kniebundhosen und tellerartig Hut.
So steht er da, zeigt in 2 Richtungen.
„Doch überall ist seine Kraft,
Dass das Leben Freude macht."

Krabat

Sein täglich Brot war immer knapp.
Behütend die Gänse, Königswartha heimatnah.
Tagelang bettelnd lief er auf und ab,
Landete in Schwarz-Collm bei Hoyerswerda.

Lehrling in schwarzen Müllers Mühle
Zwölfe warn sie an der Zahl.
Schwarze Kunst lief dort Getriebe,
Ihm blieb lang keine andre Wahl.

Mit erfolgreich Mutters Hilfe,
Die aus verwunschen Raben wählte,
Wurde erlöst der Krabat-Gehilfe.
Geraubtes Zauberbuch im Besitz jetzt zählte.

Darauf der Meister dem Krabat folgte ungehalten.
Doch zaubernd sollte dieser vom Müller befrein.
Es folgten dann noch viele gute Taten,
Manches Land, Dank Krabat, konnte fruchtbar sein.

Zauber echter Magie

Heilige Landschaften und Amulette.
Tarot, Pendel und Wünschelruten.
Ein Kurs in Wundern.
Der Lichtkörperprozess.
Zum Treffen, wie man ein Engel wird.
Positive Energien und Schwingungen.
Kraft heilender Edelsteine, Meditation.
Feng Shui und Geomantie.
Kosmische Kreativität, Vianda.
Rituale und Gebete, Reiki.
Handbuch zum Aufstieg.
Die Engel Deines Lebens.
Schöpferische Macht.
Kirlian Fotografie.
Mit Blumen heilen, esoterische Düfte.
Der Geist der Bäume.
Mondmagie und Liebeszauber.
Der tibetische Buddhismus, Tai Chi.
Über dem Boden schweben.
Die Botschaft des Wassers.
Aura und Heilung und Inspiration.
Sphärische Musik in höherer Dimension.

Ora et labora Sankt Marienstern

Klar ist das Band im Namen des Herrn.
Strahlend Kloster Oberlausitz erhellt.
Einladend Bau in Rot und Weiß und kreuzern.
Gewaltig barockes Areal zu Panschwitz-Kuckau
gesellt.

Entkoppelt der Hektik Zeitgeist
Gleichmäßig Frieden Lebensweise Sicht.
Regelmäßig Glockenläuten selig preist
Schwestern Kloster, Gottes Licht.

Freudig schaut der Englein Chor
Auf Vorbild, fromm und hilfsbereit.
Göttliches im Bund wächst empor
Zu Hoffnung, Heil und Ewigkeit.

Zisterzienserinnen-Herrlichkeit,
Kirchenlieder, gregorianisch Himmelsang.
Für alle Menschen offen Türen weit,
Schwester Sankt Marienthal im selben Klang.

Ora et labora Sankt Marienthal

Klar ist das Band im Namen des Herrn.
Strahlend Kloster Oberlausitz erhellt.
Einladend Bau in Rot und Weiß und kreuzern.
Gewaltig barockes Areal zu Ostritz gesellt.

Entkoppelt der Hektik Zeitgeist
Gleichmäßig Frieden Lebensweise Sicht.
Regelmäßig Glockenläuten selig preist
Schwestern Kloster, Gottes Licht.

Freudig schaut der Englein Chor
Auf Vorbild, fromm und hilfsbereit.
Göttliches im Bund wächst empor
Zu Hoffnung, Heil und Ewigkeit.

Zisterzienserinnen-Herrlichkeit,
Kirchenlieder, gregorianisch Himmelsang.
Für alle Menschen offen Türen weit,
Schwester Sankt Marienstern im selben Klang.

Oberlausitzer Sechsstädtebund

Machen wir die Sache rund,
Wir schließen den Sechsstädtebund.
So sind verwahrt alle Interessen
Gegen Ritter, Fürsten und ihre Mätressen.
Gerichtsbarkeit und Münzrecht beliehn,
Hoch die königlichen Privilegien.

Kamenz, Bautzen und Löbau,
Lauban, Görlitz und Zittau.
1346 bis 1815 gemeinsam da.
Handel Straßen sicherer war.
Darauf Bier einheimisch Wahl
Aus dem Sechsstädtepokal.

Geschichte hin, Geschichte her,
Die Tradition lebt wieder mehr.
Zu vielen Festen verbündet Fahnen hängen,
Volkstümlichkeit in neuen Gesängen.
Man ist zu Gast im Nachbarort
Sechs Städte vereint, so geht es fort.

Görlitz sein

Görlitz sein heißt größte Stadt der Oberlausitz,
Pulsierendes Zentrum des niederschlesisch Teils.
Auf dem 15.Meridian östlicher Länge ist ihr Sitz,
Deutsche Renaissance-Stadt immer sei's.

Görlitz sein heißt Reichenbacher Turm,
Ein stolzes Gebäude unheimlich prächtig.
Am Marienplatz grüßt der dicke Turm,
Überall wohl wohnten Türmer sehr gesprächig.

Görlitz sein heißt Jugendstilwarenhaus,
Architektonisch reichhaltigste Altstadt unserer Gegend.
Kreuzung zweier Handelsstraßen Baus,
Flüsterbogen, Hallenhäuser sehr bewegend.

Görlitz sein heißt Petersdom,
Zgorzelec heut polnisch spricht.
Verständigung Völker ist der Lohn,
Europäisch Gedanke Funke Licht.

Görlitz sein heißt Fahrt zur Landeskrone,
Dem Hausberg mit weitem Blick ins Land.
Glücklich sein muss, wer am Fuße wohne,
Die Stadt hier erfasst in ihrem Gewand.

Görlitz sein heißt noch viel mehr,
Oberlausitzer Bibliothek der Wissenschaften.
Ein Besuch reizt, bitte sehr,

Berechtigter Stolz, was Menschen erdachten.

Freiheit

Ist Freiheit im Denken und Handeln:
Nach einer guten Ausbildung,
Nach der Arbeit,
In sozialer Sicherheit,
In Demokratie,
In einer wohlhabenden Gesellschaft,
In Gesundheit,
Mit rücksichtsvollen Mitmenschen,
In Harmonie mit der Umgebung,
Mit positiver Entwicklung aller Lebensbereiche,
Mit einer Zukunft,
In Vielfalt,
In ständiger Motivation zum Dasein,
.
.
.
Bitte ergänzen.

Weinlied

Die Rebe deinem Herzen lacht,
Die Oechsle-Waage hat's gebracht.
Mein Mädchen, schenk ein,
Wir trinken heut Wein!

Das Holzfass schwer herangerollt,
Bald nichts mehr sein darinnen sollt.
Herr Wirt, schenk uns ein,
Wir trinken heut Wein!

Das Licht sich in dem Glase bricht,
Weißwein ist uns Hauptgericht.
Frau Wirtin, schenk ein,
Wir trinken heut Wein!

Der Rote ist ein Jahrgangswein.
Niemand soll mehr nüchtern sein.
Herr Winzer, schenk ein,
Wir trinken heut Wein!

Bierlaune

Der Durst besitzt sehr große Macht,
Darum uns mancher Humpen lacht.
Bier her, Bier her, holt es aus dem Lager!
Bier her, Bier her, dort hinten sitzt mein Schwager.

Auf das deutsche Reinheitsgebot,
Der Gerstensaft ist einfach im Lot.
Bier her, Bier her, holt es aus dem Lager!
Bier her, Bier her, dort hinten sitzt mein Schwager.

Verbindung wird jetzt hergestellt,
Der Geist sich auf höhere Ebene gesellt.
Bier her, Bier her, holt es aus dem Lager!
Bier her, Bier her, dort hinten sitzt mein Schwager.

Wenn der Schaum auch endlos spritzt,
Gläser Anstoß ist geritzt.
Bier her, Bier her, holt es aus dem Lager!
Bier her, Bier her, dort hinten sitzt mein Schwager.

Die Stunden viel zu schnell vergehen,
Egal, wenn wir es neu erleben.
Bier her, Bier her, holt es aus dem Lager!
Bier her, Bier her, dort hinten sitzt mein Schwager.

Zittau an der Mandau

Mein Zittau hat drei Ecken:
Polen, Deutschland, Tschechien grenzen hier ganz nah.
Unser Mittelgebirge braucht sich nicht verstecken,
Facette der Oberlausitz allgegenwärtig da.

Hier ist zu Haus der LO.
Der luftgekühlte Ottomotor.
Doch auch manch Gebäude entlockt oho,
Und Kreuzkirche Fastentuch drängt hervor.

Ausgedehnte Kelleranlagen, fünf Kirchen aus dem Mittelalter,
Palazzo-Rathaus mit Marktplatz und Marsbrunnen.
Ältester Profanbau Dornspachhaus, Bürgermeister war Verwalter.
Renaissance des Franziskanerklosters, Mönche summen.

Doch in der Vielfalt sollst Du selbst entdecken,
Wie neoklassizistisch Stadtbad oder Bahnhof Akzente setzen.
Ist besser Wissensdrang nicht mehr zu wecken:
Die Schmalspurbahn dampft, ruft; will Stadt mit Gebirge vernetzen.

Lessingstadt Kamenz

War es Volkskunst in Massenproduktion?
Lessing als Aufklärung Vertreter.
Die Stadt verehrt den großen Sohn,
Im eigen Museum und als Büste steht er.

Kamenz, kleiner Ort am Stein,
Hoch darüber thront die Marieenkirche.
Dein rotes Rathaus lädt uns ein,
Doch fein ist auch die Annenkirche.

Am Markt grüßt der Andreasbrunnen,
Vom Hutberg schaut man weit ins Land.
An der Elster vorbei ist die Stadt zu umrunden.
Und Kamenzer Würste nimmt man gern in die Hand.

Auf dem Rummel

Endlich ist er wieder da,
Unser wandernder Jahrmarkt.
Lang gewartet wir Kinder Schar,
Auf buntes Treiben einfach stark.

Karusselle drehen sich im Kreis,
Toll die vielen Buden und Stände.
Zu Erlosen ist auch mancher Preis,
Lockend Luftschaukel, Riesenrad und
Kletterwände.

Discomusik und laute Schlager,
Jubel, Trubel, Heiterkeit.
Lichter glänzen viel gewagter,
Vergnügungslust und freie Zeit.

Zuckerwatte, runde Lutscher, Pfefferkuchen zum
Umhängen,
Für seine Freundin schießt jemand einen
Teddybären.
Jugendliche sich in der Autohalle drängen,
Schleudersitze für den Kick, hier kann man sich
bewähren.

Und irgendwann ein Jedermann geht froh
gestimmt nach Hause.

Lauban

Lauban im Sechsstädtebund,
Schöne Stadt am Queis.
Kleinod im Oberlausitzrund,
Einst umkämpft ganz heiß.

Rathaus Stadt verwirkliche,
Typisch bebauter Marktplatz.
Dreifaltigkeit genannt die Kirche,
Der Brüderturm ist uns ein Schatz.

Krämerturm, Salzhaus sind Begriff,
Mit der Hohen Straße Handelsleute kamen.
Gepflegte Kunst, Gärtnerei mit Pfiff,
Wachstum von heute will nicht erlahmen.

Löbau

Löbau, Löbau – schön wie eine Braut,
Löbau, Löbau – klein und fein erbaut.
Wir wollen singen dir,
Fröhlich zum Försterklavier.
Du, mein ganzer Stolz.
Im Zeichen des Herolds.

Löbau, Löbau – dein ist ein Rathaus voll
Schmuck,
Löbau, Löbau – deine Mondphasenuhr schindet
Eindruck.
Der Rathausturm ist in gotisch Stil.
Barocke Häuser sind zu bestaunen viel.
Der Sechsstädtepokal im Stadtmuseum.
Denkmalgeschützter Bahnhof unweit vom
Zentrum.

Löbau, Löbau – Stadt am gleichnamigen Berge,
Löbau, Löbau – eiserner Attraktion Herberge.
Friedrich-August-Turm in Ruhm,
Deine Einmaligkeit auf vielen Bildern geht um.
Und wer gern sieht in's weite Land,
Der klettert hinauf, bis an den Rand.

Löbau, Löbau – Tschau!

Die Rose allein

Wirklichkeit gewordene Poesie,
Der Sinnenreiz betörender Schönheit.
Intellektueller Genuss ihrer Geschichte
Bei des Wachstums Unkompliziertheit.
Wie zart und süß die Schöne duftet,
Königin der Blumen in Amt und Würden.
Voll überschäumender Lebenskraft
Erstrahlt in Anmut und Eleganz das Blütenkleid.
Unglaublicher Reichtum an Blütenformen,
Dasein in herzerfrischender Weise.
Lob den Züchtern tausender Sorten,
Der Rosengarten, wie ein Türchen zum Paradiese.
Ihr Anblick befreit von allen Sorgen,
Ob in Kaskaden über Pergolen, Lauben und Pavillons.
Und wer von allen Rosen köste,
Dürfte Rausches Schwingen Wege ziehen.

Drachenbaum

O Drachenbaum, O Drachenbaum,
Im großen Baumarkt konnt ich dich schaun.
Palmengewächs mit exotischem Stiele,
Dunkelgrüner Mittelstreifen, länglich Blätter viele.
Einst Drachen, diese seltsamen Tiere,
Sich drunter wohlfühlten, wie ich heut hiere.
Ich konnte dem Feuer nicht widerstehn,
Nun kann ich ihn täglich zu Hause besehn.

Bischofswerda und der Butterberg

Am Tor zur Oberlausitz
Idyllisch berührt steh ich auf dem Marktplatze.
Stadt einst im Besitz des Bischofs von Meißen.
Trockengelegtes Flussland nennt man Werder im Satze.
Klassizistisch ist heut der Baustil zu umreißen.

Heraus aus den niedlichen Gässchen geht's zum Butterberg.
Romantisch führt eine Allee zum Waldesrand,
Wie duftet es nach gestapelt Holz und Nadeln.
Recht gemütlich geht's aufwärts den Bergeshang.
Lohn: Berg-Gasthof und Aussichtsturm laden.

Auf zum Bieleboh

Der Gipfel entlockt ein Oho…
Die Schuhe geschnürt zum leichten Schritt.
Start ist an der Erntekranzbaude Hoho…
Leicht ist der Rucksack mit Wanderung im Blick.
Hoch stehen die Fichten am Waldesrand,
Wie genieße ich die Erkenntnis hier Oberlausitz
zu erfahren.
Schnell hebt sich die Stimmung ganz gewandt
Und ich kann nicht anders als in diesen Gedanken.
Aromatischer Pilzgeruch zieht durch die Lüfte,
Waldesgrün das Aug erfreut.
Räume öffnen sich, natürliche Fenster im Lichte,
Aus Urzeit Farn den Wegesrand säumt.
Ein Aussichts- und ein Fernsehturm ganz oben
warten,
Alteingesessen, schwarz hölzern des Gasthauses
Gesicht.
Schön, wenn viele Menschen hier harrten,
Der leichte Abstieg, Lebensfreude in Sicht.

Raketenwacholder

Wir haben drei Raketenwacholder gepflanzt,
In unserem Garten sie stehen zum Sehen.
Von Insekten wird dahinter auf der Wildwiese getanzt.
Viel Liebe der Pflanzenwelt dort geschehen.

Bei uns drei Raketenwacholder wachsen.
In Reih und Glied, schaut wie durch einen Bilderrahmen,
Zur Inspiration und der Gartenkunst Achsen.
Geh doch hindurch so wie die Damen.

Mein Hoyerswerda

Im Norden der schönen Oberlausitz,
An dem Flüsschen Schwarze Elster,
Benannt nach Hoyer dem I. und Werder,
Das ist heute mein Hoyerswerda.

Und grüßt mir den Computervater
Im Konrad-Zuse-Museum.
Moderne Technik hält in Schwung,
Computer stehen überall herum.

Hübsch ist die Altstadt mit dem Renaissance-
Schlosse,
Romantisch die Handwerkergasse Lange Straße.
Passend zur reizvoll Umgebung Maße,
Prächtig Tagebauseen zur Erholung da sind.

Und das Juwel: der große Zoo,
Hunderte Tierarten im reich gestalteten Gelände.
Selbst im Winter lockt's Tropenhaus aus den
Wänden,
Konzerte, Führungen, Tiergartenfeste können's
vollenden.

Noch aus dem Flair der alten Zeit
Steht uns das Lausitzer Bergbaumuseum.
Die Braunkohlenveredlung war der Grund,
Kombinat Schwarze Pumpe gehörte ins Rund.

Doch kommt und seht allda.

Auf Gäste wir uns freuen jedes Jahr!

Oberlausitzer Weisen

In Blau-Gelbem Freudenglanze
Der Quellen Tanz sechs Städte Wellen.
Reich schwärmerisch Natur im Ganzen,
Granitne Berge, selten *Pflanzen Zellen*.
Hell erleuchtet der mit ihr vermählte Strahl,
Heimatanker in deutschen Regionen.
Der Sachsen Kristalle großer Zahl,
Erhaben Gefilde vieler Wenden.

Mit niemals fehlndem Geistesblitz,
Ihr seid glückliche Bewohner,
Drum gibt er euch, der große Belohner.
Halleluja, Halleluja, Halleluja Oberlausitz.

Schimmernd durch die heitren Schleier
Katholisch Berittene zu Ostern.
Eiermalen, Dreisprachigkeit der Feier,
Sorbisch, deutsch, Mundarten Kern.
Wonne von allen Erdenmalen
Walpurgis- und Sonnenwendfeuer entfacht.
Vogelhochzeit, Lebenswelle in Skalen,
Frei Fantasie in Wechselliebe lacht.

Folklore Gaben spricht diesem Sitz.
Ein Hoch auf diese kleine Welt.
Beinah ein Teil vom Himmelszelt.
Gloria, Gloria, Gloria Oberlausitz.

Geflügelt Brücke zur Erholsamkeit
Mit Bockwindmühlen groß Weltenlauf.
Pücklers verwunschen Park, geruhsam Zeit.
Dreiländereck, malerisch Mittelgebirg darauf.
Komponierte Wanderwege, unberührte Idylle.
Simultan Petridom, strahlend Zentrum.
Deutsch-sorbisch Theater in geistiger Fülle.
Landschaften gleich Tempel vielgestalt darum.

Des Lorbeers Siegerzweige nütz.
Königlich der Gast erstaunet,
Balsam Stimmung gut gelaunet.
Im Chor, im Chor, im Chor Oberlausitz.

Herbst in Stimmung

Herbstwind fegt durch die Äste,
Fliegender Hut gereicht ihm zum Feste.
Gemütlich wird's eigene Heim.

Lodernde Herbstfärbung, Geschäft des Faun,
Licht- und Schattenspiele bekommen Raum.
Blatt für Blatt fällt schwebend herab.

Schlurfend durch den Blätterteppich,
Wege bahnend gleich einem Schiff.
Ich umarme noch einen Baum.

Glücklich die reiche Erntezeit,
Nützliche Früchte dem Verbraucher geweiht.
Die Speicher wachsend gefüllt.

Die schönen Tage werden kürzer,
Allmählich auch die Lüfte kühler.
Herbsttöne ganz lieblich gemalt.

Schirgiswalde

Rührend in dem Oberlande,
Schwelgend in einer Talmulde der Spree.
Zweihundertsiebzig Meter über dem
Meeresspiegel,
Blühend gelegen, Schirgiswalde.

Lang ein Kleinstaat erster Güte,
Hundert Jahre nach Oberlausitz kam's zu Sachsen.
Zollfrei Handel kräftig blühte,
Am Marktplatze Laubengänge gewachsen.

Lausitzhäusel prägen die Stadt,
Domstiftliches Herrenhaus leicht zu bestürmen.
Auch einschiffig katholische Pfarrkirche hat,
Böhmisch Barockbau mit neugotischen Türmen.

Moral

Menschen Moral
Natur Moral
Pflanzen Moral
Tiere Moral
Familien Moral
Gesellschaft Moral
Eine Moral
Keine Moral
Moral Moral
Triebkraft Moral.

Stadt Ebersbach/Sa.

Prächtig farbenfreudig Kirche harrt,
Kündet von fern im Glockenklange.
Benannt nach Siedelführer Eberhard,
Im Heimattal am Oberbache.

Zwischen Lausitzer Bergland und Rumburg-
Schönlinde
Heimisch Volkskunst gepflegt im Verband.
Alle Arten Umgebindehäuser zu finden,
Dereinst unverwüstlich Webstühle Stand.

Erster Humboldtverein südlicher Lausitz,
Leuchtzeichen schmückend Heimatsinn.
Ständig Ausstellung des Malers Paul Sinkwitz,
Mundartgruppen: Heedelirchen, Edelroller;
Gewinn.

Heimat

Prickelnder Punkt in Zeit und Raum,
Haftstelle an der Selbstwirklichkeit.
Lang stabil Körper Umweltsaum,
Nichtheimat unscharf Abgetrenntheit.

Universum, Milchstraße, mündig Sonnensystem,
Blauplanet, Erdteil, Land, reif Heimatort mein.
Straße, Haus, Wohnung, Winkel Zimmersystem,
Lieblingsplatz, Gegenstand, in sich Bewusstsein.

Vagabund

Park Bank ist sein zu Hause,
Im Bahnhof macht er Pause.
Die Zeitung trägt er unterm Arm,
Längst verloren alle Scham.

Vogelfrei, wie er's nur schafft,
Von allen Leuten angegafft.
Doch schon früh um achte,
Trank er sein Bier und lachte.

Soziale Sicherheit

Mein großes Sehnen,
Ständiges Streben.
Weit bist du weg,
Erzeugst manchen Schreck.

Über mich selbst lachen,
Schwer zu machen.
Bin doch so liberal,
Humor eigner Qual.

Scheinst du dann da,
Leichtsinn sagt ja.
Schnell bist du vergessen,
Besser lebt sich's ohne Fesseln.

Arbeits-Amt-Formular

Lohnsteuerkarte zur Einsichtnahme,
Bewilligung für Entgeltersatzleistungen.
Mitglieds-Bescheinigung der Gesundheit Kasse.
Nachweis über sonstige zurückgelegte Zeiten.

Bescheinigung Dritter über Zuwendungen,
Fragebogen zur Förderung der Teilnahme.
Selbständige/Mithelfende Tätigkeiten,
Anlässlich einer beruflichen Bildungsmaßnahme.

Meldung nach Paragraph.
Arbeit ab:
Amt ab:
Sonstiges:

Arbeitslos

Arbeitslos,
Im Wald arbeitslos.
Spielt keine Rolle,
Gedanken losgelöst.

Arbeitslos,
In der Heimat arbeitslos.
Trotzdem Glück im Gepäck,
Gefühl, geborgen zu sein.

Arbeitslos,
Zu Hause arbeitslos.
Leute der Eigenschaft,
Niemals der Mensch.

Geld

Geld, Geld, Geld,
Wie's in der Kasse schellt.
Ob klein oder groß,
Wer liebt nicht das Moos?

Wie es durch die Finger rinnt,
Glücklich, welcher es gewinnt.
Zinsen, die leicht Geld dir bringen,
Laden einfach ein zum Singen.

Jeder sollte reichlich haben,
Schließlich gibt's genügend Gaben.
In der Zukunft wär's geschickt,
Ganz Erdenball mit Geld gespickt.

Zur gepflegten Kneipentour
Auf und freudig mit Bravour.
Gefüllt mit Geld sind alle Taschen.
Heute werd' ich's ganz abschaffen.

Sonnenglanz

Zentral Gestirn, anziehend System,
Rotierend Planeten in fernem Bann.
Im Sonnenwind haben zu stehn,
Der Weltraum mit dem Lichte dann.

Wen stört der gekrümmte Raum,
Nirgendwo Anfang noch Ende.
Strahlung dringt dem Lebenstraum,
Bringt Wärme jedem Gelände.

Fotosynthese sprießendem Grün,
Wetter Schwellen Bewegung gebracht.
Lichter sich in Farben verliern,
Sonnig jede Seele erwacht.

Mondschein

Dem Sonnenlichte Spiegel
Scheint Mond vorm Firmament.
Der Schatten Nacht ein Siegel,
Form der Erde gelenkt.

Zauber Hauch der Liebe,
Romantisch Stelldichein.
Pflanzen Saft Getriebe,
Schlaf Wandler geht allein.

Zittauer Gebirge

Im Welten Reich der Sudeten
Ragt ein geschlossen Bergeskamm.
Dem wie am Faden aufgereihten
Waltersdorf, Jonsdorf, Oybin, Lückendorf
zusamm.
Himmels Kuppel ragen zwei Gipfel,
Lausche und Hochwald benamt.
Achtundvierzig Quadratkilometer Zipfel,
Als Zittauer Gebirge bekannt.

Landschaft wie nirgendwo in Deutschland
In der Jahresringen Felsgeschichte.
Wildromantisch Gestein aus Vulkan und Sand.
Merkwürdig Säulen, Formationen gerichtet.
Eins sein mit Wolken, Felsen, schluchtartig
Tälern,
Rauschen der Bäume im Fichtenwalde.
Schutz Gebiet mit Uhu in den Wänden,
Sport begeistert der Schnee Halde.

Hochzeit

Der hohen Zeit das Ziel ist nun bereitet.
Fliegend Schimmel, rollend helle Kutsche,
Er ganz schwarz und sie in weißem Kleide.
Vorfeier ade, Polterabend Abschied Rutsche.
Glücks Scherben fegten alle beide.

Hochzeit machen, Hochzeit machen,
Lebenskreuzung Dur und Moll.
Hochzeit machen, Hochzeit machen,
Gebt der Freude Kanne voll.

Offiziell Festakt strebt zum Beginnen.
Brautjungfern tanzen, Vereine stehen Spalier,
Erhoben Degen zum Dache gestreckt.
Geleitend den Weg rote Rosen zur Zier,
Ein Hochzeitsmarsch die Gemüter weckt.

Hochzeit machen, Hochzeit machen,
Lebenskreuzung Schwarz und Rot.
Hochzeit machen, Hochzeit machen,
Holt die Freude mit ins Boot.

Stolze Heirat auf Filmes Reife.
Langsam schreitet Brautpaar zum Altar.
Geistlicher segnet, Mann und Frau seid ihr,
Doch nun seid ihr auch ein Paar.
Ringe blinken der geliebten Finger.

Hochzeit machen, Hochzeit machen,
Lebenskreuzung Tag und Nacht.
Hochzeit machen, Hochzeit machen,
Lasst der Freude ihre Macht.

Brautpaarfoto vor historisch Gebäude.
Gewaltig Torte mit Feuerwerk,
Liebt von ganzem Herzen und noch mehr.
Auf die beiden und Kinderheer,
Der Ehe Jubiläen stets unser Begehr.

Hochzeit machen, Hochzeit machen,
Lebenskreuzung Heiß und Kalt.
Hochzeit machen, Hochzeit machen,
Gebt der Freude festen Halt.

Internet

Internet und Funk,
Verbunden jeglich Heimatpunkt.
Portal in virtuelle Welt,
Dahinter ist's, was wirklich zählt.

Literatur rückt näher zusammen,
Fremde Menschen plötzlich in Flammen.
Digital wird Information geteilt,
Sendung der unbegrenzten Freiheit.

Schwarzkollm

Aus schwarz und keglig Hügel gesetzt,
Rückt Dorf in unser Wahrnehmung.
Wappen fliegender Zauberer benetzt,
In Krabat Legende Umarmung.

Golden Plakette schönstes Dorf,
Frentzelhaus, Krabatbrunnen mit Stele.
Erinnrung Holzbaukunst vor Ort,
Zaubermühle, Denkmal Kirche nicht verfehle.

Rand Dubringer Moor, Bernsdorfer Stadtwald,
Durchfurchte Gegend, Wanderwege lang.
Vier kleiner Berge umgeben uralt.
Und Kubitzberg nebst Tanz und Gesang.

Herrnhut der Welt

Kleine Stadt im Hügelland,
Runder Altan *Aussichts Punkt*.
Brüdergemeine *Gründungs Stand*,
Kirche als Gemeinhaus Zeichnung.

Stammsitz evangelisch frei Liturgie,
Losung getragen von Haus zu Haus.
In die Welt geschrieben wie noch nie,
Missionen gingen von hier aus.

Keiner kundig, wer ihn erfunden,
Groß oder klein, weißer, gelber, roter Zacken.
Fabrik Sternelei den Weihnachtskunden,
Advents Stern Original den Ländern packen.

Aus vergangen Zeiten Zinzendorf-Schloss,
Hinten wächst der Kottmar.
Auch Iser- und Riesengebirge ein Gruß,
Theologie im Wald erfahrbar.

Waldbühne Sohland

Vor natürlicher Kulisse
Unterm Flüstern der Bäume.
Auf *Brettern Musen Himmel*
In Begeisterung schwimmen.

Heiterkeits Wahnwitz,
Bestückte Heimatdichtung.
Sprache Verzerrung,
Repertoire Erfrischung.

Magnet des Haines
An der Teufelskanzel.
Unter den Kälbersteinen,
Grenze Sohland Gemeinde.

Landschloss Rammenau

Barock der Gegend schönstes
An Johann Gottlieb Fichte Ort Geburt.
Eingang Westlausitz Hügellandes.
Teiche, Perlen an der Schnur.

Konzerte im Spiegelsaal,
Harmonisch Miteinander.
Stilsalons, kostbar Porzellan.
Zeit Zeugen dem Kenner.

Englisch Landschaftspark.
Erschlossen Wanderwege.
Vorbei an Hütten Rast.
Kultur im Ambiente.

Rosenthal

Malerisch Komposition am Berge,
Feinsinnig Eingang am Neißetale.
Fachwerkhäuser klettern Hang hinauf.
Atmet Stille und Beschaulichkeit.

Der Stelle wilde Rosen wuchsen,
Gärten reinen Glückes Spuren.
Lust Luftkurort gepriesen.
Rustel als Künstler Namen trägt.

Niesky

Niesky in der Niederung
Umrahmt von Heide, Teichen, Wäldern.
Inniglich Zeichen der Warttturm,
Zinzendorf-Platz preisgekrönter.

Stolz das Alte Pädagogikum.
Auch strahlt Herrnhuter Brüdergemeine.
Entlang des Holzhauspfades Traum.
Stahlbau, Güterwaggons das Eine.

Dort Königsbrück

Mitten in der Heide,
Die Pulsnitz teilt den Ort.
Tiefental Naturschutz,
Wildwasser treibt es fort.

Schlichtheit in ihrem Range
Bringt reizend Unterschied.
Gasthaus Schwarzer Adler,
Kirche, Schloss beliebt.

Gedanken unterwegs

Weg vom Fledermausschlosse
Durch Oberlausitzer Heide Baumwege.
Berührend die Teiche,
Blendwerk im Sonnenlichte.

Auen und Dünen,
Sumpfwiesen und Moore.
Alte Laub und Nadel Mischwälder,
UNESCO eins der Reservate.

Neschwitz

Aus nicht Vespern wurde Neschwitz.
Ruhm verbreitet barock Schloss.
Bibliothek und Verwahrung Sitz.
Genialer Park, alles im Fluss.

Französischer und englischer Stil.
Natur Schutz Station.
Schlosses Konzerte viel.
Besucher erhält den Lohn.

Schürzenuhren

Zeitenkörper plus geformt verziertes Holzbrett.
Kostbarkeit Schwalben Schwanz Uhren.
Max Stunden- und Minutenzeiger gingen auf Touren,
Mit Metallglocken, Rätsel der Werkstatt.

Südlich Lausitz und Nordböhmen,
Seifhennersdorf zeigt viele Spuren.
Wohl hier gefertigt diese Uhren,
Viele hängen in Museen.

In Glück schweben

Voll Konzentrat auf Glück.
Gelöst Gedanken störend Formen.
Beschäftigung Frohsinn ein Geschick.

Sein in einem Glück.
Umgebung wirkt dem Nebel,
Indem sie Geschenke gibt.

Aufgelöst im Glück.
Dieser Welt abgewandt.
Meditation Früchte pflück.

Ideale und Tugenden

Selbstloser Dienst für die Allgemeinheit.
Treue und Verantwortung Bewusstsein.
Pflichterfüllung und Sparsamkeit.
Persönliche Bescheidenheit.
Achtung vor dem Nächsten.
Glaubens- und Gewissens-Freiheit.
Wahrung der Rechtsstaatlichkeit.
Sicherheit und Ordnung.
Menschenwürde für jeden
Auf möglichst hohem Niveau.

Erinnerung

Erinnerung bringt den Geist in Schwung.
Du glaubst dich einfach in dem Sturm.
Die alten Bilder kommen klar.
Wort an Wort Dialoge war.

Lichter Reigen aus tiefer Ferne.
Angenehm der Griff in die Sterne.
Die Seele hat daraus gelernt.
Vergangen Geschichte subjektiv erwärmt.

Neusalza-Spremberg

Sie kamen zusammen,
Neusalza und Spremberg.
Fest in den Händen
Lausitzer Berge und Bürger.

Zwei Marktplätze in Denkmalschutz.
Und jeweils eine Kirche,
Exulanten und Spremberger Trutz.
Baudenkmal dem Reiterhause.

Erlebnisbad und Spreepark.
Natur-Denkmal Schmiedesteine.
Im Urlaubsland eingeparkt.
Fast verging Industrie alleine.

Fortschritt

Gräuel dem Maschinenstürmer.
Vielfalt dem Menschen.
Verloren die Organisation.
Gewonnen die jetzige Form.
Geht das Soziale,
Kommt das Soziale.
Abbau des Alten.
Aufbau des Neuen.
Änderung der Gegenwart.
Hoffnung der Zukunft.

Bernsdorf

Hinter Kiefernwälder Nadelgrün
Liegt's Städtchen Bernsdorf.
Im Rittergut Stadt Verwaltung bemühn.

Ziegelbauweise oder Jugendstil
Reihen Häuser aneinander.
Johanniskirche dem Gebete will.

Zweier Schmuckstücke Stolz,
Gaststätte Grüner Wald und's Zollhaus.
Davon ging es aus:
Eisenerze, Quarzsande, Mineralien und Holz.

Bernstadt auf dem Eigen

Amtlich Eigen Bezeichnung.
Stand auf altem Grundbesitz.
Landstrich war des Klosters Eigen.
Sankt Marienstern Vogtes Aufsicht.

Pließnitz schnitt durch Granodiorit
Unweit Kirche Sankt Marien.
Brunnensäule „Erdachse" Wahrzeichen gibt.
Klaus Riedel hier Raketenpionier.

Braunkohlen Bergbau, Handwerker.
Leineweber, Schmiede, Töpfer,
Tischler, Färber, Seiler…
Gibt's oder gibt's nicht mehr.

Zur Kino Leinwand

Ruf Spezial Effekte, packend Abenteuer.
Noch mehr Film, Tricks und Klamauk.
Koffein und Bier, knuspernd Verzehr.
Medialer Drang in virtuellen Raum.
Zum Flächen Schauspiel Sinnen verloren.

Weiche Sessel, doch schnallen Sie sich an.
Wandel Wunderland im Mantel der Fantasie.
Knallige Kulissen, gespielte Komödien.
Der König und die Kammermusizi.
Prunkvolle Paläste hinter dem Horizont.

Kaskaden von Lichtskulpturen, intergalaktische Klangsignale.
Brillante Bild- und Tonqualität, gefühlsstarke Instrumentalmusik.
Spuren kosmischer Partikelwesen, Funkenflug der Leidenschaften.
Totale Mächte, meisterhaft Schauspieler Gestik.
Atemberaubend von faszinierenden Drehorten.

Gezogen in den Bann der Superlative.
Welt- und Familien-Ehre stehen auf dem Spiel.
Existenz der Menschheit, ultraverwegene Fluchtpläne.
Spannung, Humor, bis endlich das Ziel.
Doch fragen wir warum und wie,
Jeder Film bleibt reine Psychologie.

Elstra

Bei den Quellen der Schwarzen Elster
Am Höhenzug vom Hochstein nach Kamenz,
Herkules' Figur bei Schlossparks Eingangstor.
Ensemble Linde, Brunnen, Rathaus.
Acker, Bürger, Städtchen und Handwerkerei.
Schwämmeltechnik der lebend Bunttöpferei.

Großröhrsdorf

Gewachsen im Tal der Großen Röder,
Großes Dorf eines Rüdiger.
Fachwerk versehen Drei- und Vierseithöfe,
Harmonisch steht barocke Kirche.
Sachsens Zentrum Bandweberei expandierte.
Bahn-Anschluss Industrie komplettierte.

Lauta

In Verantwortung der Ruhland-Königsbrücker
Heiden
Liegt ein großer grüner Waldgürtel um Lautas
Geviert.
Stilvoll Kirche erbaut aus Findlingen,
Darinnen Laurentiusglocke, Stadtwappen ziert.
An Städtchens Seite
Hübsch angelegte Tagebauseen.

Neugersdorf

Teil sanfter Ausläufer tschechisch Berglandes.
Am Volksbade zum Licht eine der Spreequellen.
Im Einfluss Bereich des Hutungsberges,
Mit Wasserturm und Bismarckturm Wahrzeichen.

Die Buntweberei der Welt wurde gerühmt.
Jugendherberge auf dem Beerberg.
Ewig bin ich dir verschrieben, Dichter Rudolf
Gärtner blümt.
Gierschdurfer Schissn heißt Schützen-Jahrmarkt.

Ostritz

Ostritz unter Gottes Hand.
Selbst des Wappens lugend Schwester.
Katholisch meistens der Verband.
Später evangelisch Geister.

Kloster Marienthal sendet Pracht.
Stimmungsvoll weiße Wolken am Himmel.
Fleißigen Handwerkern gedacht.
Und des Osterreitens Gewimmel.

Pulsnitz

Pulsnitz und Pulsnitz gehen ineinander.
Einig Stadt und ihr Flüsschen.
Zwei Hälften kamen zueinander,
Meißner und Lausitzer Frohsinn.

Backrecht *Pfeffer Kuchen*,
Ernst Rietschel groß Bildhauer.
Einmal dies Gebäck versuchen,
Werke finden, spätklassizistisch Bauer.

Literarisches Frühstück

Kirchenglocken freiem Sonntag.
Langsam und leicht ein Morgen beginnt.
Sonne Strahlen, Bäume bewegen,
Spazier-Gang lockt hinaus geschwind.

Eine Erscheinung bildet zum Kreis.
Burgtheater Bilder Rahmen.
Köstlich Buffet Appetit anregt,
Ausgerichtet Herren und Damen.

Schriftsteller schleicht Paket unterm Arm,
Noch glühend Zigarre zur Linken.
Auch hält er oft den Stift wohl warm,
Bekannte ihm heftig winken.

Bitte um Ruhe, das Ereignis gewinnt,
Intendant erst Richtung will zeigen.
Starke Sprache Literatur erhebt,
Neu sind die Texte zum weiden.

Hochgenuss und Ohren Sang,
Die Zeit ist schnell dahin gerafft.
Autogramme zur Veredelung,
Zufrieden Künstler weiter schafft.

Czorneboh

Mein Czorneboh, mein Czorneboh,
Lang streckt Cunewalde unter dir froh.
Straßendorf, Häuser feinster Gabe,
Damit jeder Mensch sich dran erlabe.

Der Anstieg angenehm geneigt,
Kaum einmal der Weg verzweigt.
Beifuss, Kamille, Gräser am Rand,
Nadelbäume durchziehen dies Land.

Steinerne Baude mit Turm am Gipfel,
Ansichtskarte von diesem Zipfel.

Markierung am Baum begeistert schon heut,
Bald geht's zur nächsten Wanderbeut.

Gesunder Wald

Verzaubern und entspannen lassen,
Gesucht Ruhe finden in Klängen der Natur.
Panorama auf Lichtungen und Hainen,
Kühle Pause auf Waldweges Spur.
Rasten beim Spiel von Bäumen, Farnen, Lichte.
Sanfte Idylle im magischen Tagtraum.
Meditation an dem Ort der Stille,
Ausgebildete Formen ringsum bestaun.

Gemeinschaft Pflanzen, Tiere und Bäume,
Gesundheit widerfährt dem Menschen im Wald.
Wohlig Aug und Nas und Ohr, ihr Schäume,
Ergriffene Seele mit Himmelsgewalt.
Duft von Erde, Wald und Holz,
Schönste Ovationen an unser Bewusstsein.
Dafür sind wir geboren stolz,
Und die innere Stimme spricht: „Ich bin dein."

Wandergeist

Fachwerkromantik und Gipfelglück,
Rauschen und Brausen der Wipfel.
Mystische Orte, erobern Stück für Stück,
Sicherheit durch Wanderstöcke Spitze.
Hinaus aus dem Saal,
Zur Langform vom Tal.

Tourenplanung; Sehens-, Wissens-Wertes.
Lage und steil Ausgangspunkt.
Literatur lockt zum Erlebnis,
Vom Höhenring schon angefunkt.
Wir lieben den Schall,
Des Echos Vokal.

Unterwegs durch Höhen und Tiefen.
Vorbei an manchem Festungsepos,
Durch Felder und saftige Wiesen.
Ursprung Natur respektlos.
Hoch lebe Wanderers Qual,
Beim Gesang unserer Wahl.

Leuchtend Weg unter uns bleibt zurück.
Quellfrisch jedes Kunstwerk erreicht.
Und lassen am Ort den Augenblick,
Nehmen das Wandern so leicht.
Nie wird es formal,
Enthusiasmus im Hall.

Reichenbach

Stößt Rand des fruchtbar Lausitzer Gefildes
Wo's stetig ins Hügelland übergeht.
Umgeben der Königshainer Berge
Und Tal des Schwarzen Schöps entsteht.

Johanniskirche sei genannt,
In ihrer Wehrhaftigkeit.
Rubinglas wurde produziert,
Doch längst vergangen diese Zeit.

Tanz der Feen

Blüten Ringel Reihen,
Wispern an allen Ecken.
Flüstern Gärtnerin Namen,
Huschen glitzernder Farben.
Zauberwort ändert Hintergrundlicht,
Vergnügen Zeit verlangsamt.

Auf und nieder,
Vor und zurück.
Zierliche Püppchen,
Mal klein und mal groß.
Hauchdünnes Flügelschlagen,
Rhythmisches Lachen.

Zärtlich fernes Singen,
Geschmückt Zirpen der Grillen.
Tanz durch die Lüfte klar,
Wiese Blumenwalzer vernehmbar.
Pflanzen gedeihen entzückt.
Wer sieht dies Zauberstück?

Haus der Geschenke

Vorbereitet Kaufes Fete,
Schleifen sind umhüllt Pakete.
Zum Motiv die Leute rinnen,
Ein Cabrio ist zu gewinnen.

Fans getragen von Elan
Zur elektrisch Eisenbahn.
Spezialist geht in die Tiefe,
Sammlerwünsche inklusive.

Puppenschlösschen haben wir,
Fürs Talent ein Klavier.
Kosmetika, Friseur im Laden,
Schönheit Verkauf in diesen Waben.

Sind Ideen nicht vor Ort,
Unmögliches gibt es sofort.
Vernetztes mit der ganzen Welt,
Einfach alles wird bestellt.

Reisen gleich im Erdgeschoß,
Hinten schwimmt sogar ein Floß.
Unser Service kennt kein Ende,
Wir verrücken Ihre Wände.

Händi

Das Händi ist an,
Geh doch mal ran.
Schick Dir SMS,
Bevor ich's vergess.

Der Klingelton
Hat einige Phon.
Händi mit Spiel
Verfolgt mich viel.

Immer erreichbar
Konstant vorzeigbar.
Neben dem Geck,
Dieses sein Zweck.

Rothenburg

Verschwunden bleibt die rote Burg,
Gegend lässt den Honig fließen.
Neiße liegend Rothenburg,
Bienenreichste Flächen von Schlesien.

Ein Rhododendron trägt den Namen,
Dendrologisch *Raritäten Park*.
Gärtner gaben leitend Faden,
Auge brennt der Farben stark.

Motivation

Auch ein kleiner Erfolg verdient Anerkennung.
Sie haben es einfach vollbracht.
Darum gibt es diese Ernennung,
Hinzu ein Sachgeschenk gedacht.

Niemals mit anderen vergleichen,
Bewusst die eignen Pfade ziehn.
Recht gestellt sind diese Weichen,
Erlöserorden wird verliehn.

Denn so sind die Lebensläufe,
Schaukelnd hin und her gebracht.
Erst zu lernen wie die Mäuse,
Dann wird selbst das Glück gemacht.

Fantasie

Tanz im Vulkan,
Rotieren im Eisblock.
Fallen vom Turm,
Springen in den zehnten Stock.

Eilen durch Planeten Kern,
Erde in Scheiben schneiden.
Verhindern einen Stern,
Zeitzonen neu treiben.

Psychiater farbig Glaskugel schenken,
Die ganze Welt einschmelzen.
Das Herz in den Fluten versenken,
Milliarden von Büchern wälzen.

Fliegt aus dem Haus,
Kennt kein Gängelband.
Licht Stätten baut
Phantasie ohne Rand.

Ruhland

Ober- und Niederlausitz unweit Wandlung,
Für ruhig Land ein Wort entstand.
Neiße fließt dem Flecken Belohnung,
Braunkohle brachte Stimme gewandt.
Blieb immer klein,
Stolz aber mein.

Erholung

Alle Sinne herunterführen,
Pflichten gänzlich loslassen.
Richtig nichts tun.
Auf Angenehmes konzentrieren.

Lage zum Gleichgewicht gebracht,
Andern helfen wieder Freude macht.

Orakel

Sage mir die Wahrheit, sprich:
Wann geht zu Ende mein Lebenslicht.
Kannst Du in die Zukunft sehn,
Überhaupt jede Sprache verstehn?

Bleib ich reich, werd ich arm,
Wird's im nächsten Sommer warm?
Hat es Nostradamus gegeben,
Wie groß wachsen unsre Reben?

Wie ist möglich solches Wissen,
Hast Du wie andre ein Gewissen?
Oder treibst du Politik,
Weil's Wahrheit eigentlich nicht gibt?

Trifft das Ereignis wirklich ein?
Wie muss die Welt beschaffen sein?
Wohl scheint sie mir ein Filmesstreifen,
Dort kann ich auch die Zukunft greifen.

Seifhennersdorf

Tschechisch und deutsch laufend Grenze
Beim langen Ort im Mandautale.
Im grünen Kranz bewaldeter Höhen
Zwei Zentren sind zusammengewachsen.

Häufig vertreten das Umgebinde
Mit einer der Sachsen größten Kreuzkirche.
Spitzen Akustik weiß man weit im Land,
Alt mechanisch Webereien international bekannt.

Weißenberg

Überragt das ebene Lausitzer Gefilde,
Wo Löbauer Wasser einen großen Bogen zieht,
Um eine Anhöhe aus Grauwacke.

Einzigartig in Deutschland,
Das Pfefferkuchen Museum.
Hier Schildbürger Oberlausitz bekannt.

Weißwasser

Mitten Muskauer Heide
Und Parkanlagen gesegnet,
Reich Naturschutzgebiete,
An klarem Wassers Bache.

Weiß Wasser größt Eisstadion Deutschlands,
Markant heimisch Glas Produktion.
Verbunden blühend Braunkohle Bergbau,
Nah Kraftwerk Boxberg Verarbeitung Ton.

Leser Bibliothek

Geballte Texte, Einfalls Seiten,
Lang geordnet Bücherwerk.
Entspannend Ruhe diesen Kreisen,
Weitet Geist, wenn er noch Zwerg.

Beleuchtet Leser Tische,
Anregend gefüllte Regale.
Jedem seine Nische,
Schwirrend Gedanken im Saale.

Fest gespeichert neuer Medien
Lyrik, Romane, Poesie.
Leichte, schwere Ingredienzien,
Menschheit Gedächtnis, stabil wie nie.

Ein Hunderter für Wilthen

Der Lausitzer Bergland Talmulde
Igersdorfer in Butterwasser Mündung.
Wilthen liegt zur Stadt Erhebung.

Ruhm auch dem Jahrmarkte,
Wilthener Brand Begehrlichkeit.
Größte Weinbrennerei deutscher Zeit.

Jährlich ein hundert Kilometer Wanderweg
Und viele mehr mit ausländisch Gästen.
Pumphuts Pfade zähln zu den Besten.

Neukirch

Zwieback, Fahrräder, Töpferwaren,
Verträumtes Urlaubsflair.
Gebirgiges im Hintergrund,
Das schönste Kleid im Winter.

Wenn Gäste kommen

Wenn Gäste kommen,
Wird extra geputzt das Haus.
Geber wird zum Frommen,
Sucht der Fülle aus.

Festlich Gedeck dem Tische,
Abend Sonder Programm.
Gaumen Freuden Frische,
Da lacht der ganze Stamm.

Selbst wenn kein Partylöwe
Der Betroffnen sitzt.
Belebung erlangt Blöße,
Aufschwung eingeritzt.

Wittichenau

Besteht nicht nur aus Osterreiten.
Lebt nicht nur atemraubend Umgebung.
Gibt nicht nur Heimatsein.
Schafft nicht nur Stress Befreiung.
Wittichenau ist noch viel mehr,
Mariae Himmelfahrt Pfarrkirche wir.

Obercunnersdorf

Abseits, im Tale der Gemütlichkeit,
Jedes Gebäude ein Umgebindehaus.
Ganzes Dorf lebt diese Zeit,
Denkmalschutz putzt es heraus.

Groß Bauernhöfe höher Dorfesrand,
Klein drängen Weberhäuser in der Aue.
Jeglich Kurve neu Ansichten erringt,
Blaugraue Schiefer, hell Ornamente Baue.

Baude

Urig, hölzern des Gipfel Berg,
Aber auch mit Stein gebaut.
Zierende Fenster, Balken verstärkt,
Gastlichkeit lebender Brauch.

Rollend manchmal Dialekt,
Spezialitäten aufgefahren.
Und damit es richtig schmeckt,
Oberlausitz garniert der Braten.

Auf dem alten blanken Holz
Steht der Krug Volksnahrung Mahle.
Feste Wurzel Monuments,
Schwer zu gehen aus dem Saale.

Genüsslich Auszug

Butter, Quark, Griebenfette,
Einfach Schmierung Butterschnitte.
War gutt schmährt,
Dar gutt fährt.

Achtung gilt unser Kartoffel,
Abern der Erdbirnen Name.
Zuerst im Speisezettel schaut:
Mauke, Brotwurscht und Sauerkraut.

Schwoarzer Koaffe unser Kirmst,
Backwaren aller Art.
Sträslkuche, Kasekuche, Kleckskuche,
Quarkkuche, Zuckerkuche, Obstkuche.

Weihnachtsmarkt

Glühwein Dämpfe, wärmend Tropfen,
Gebraten Duft durchzieht die Stände.
Trubel Fenster ganz weit offen,
Holzbuden Dichtung zum Gelände.
Hell erklingt der Englein Schall,
Weiße Weihnacht überall.

Glasierte Äpfel, Zuckerwerk,
Süßigkeiten, Schleckereien.
Rummel, Auflauf, Marktgeläut,
Von allen Seiten Glöckchen klingen.
Hell erklingt der Englein Schall,
Weiße Weihnacht überall.

Farben wirft zurück der Schnee,
Städtisch Preis wirkt schönstem Schmuck.
Hoffnung Baum Familien Spende,
Weihnachtlich sogar der Druck.
Hell erklingt der Englein Schall,
Weiße Weihnacht überall.

Weihnacht dringt in jede Sphäre,
Flirtet sanft mit jedem Haus.
Schatten laufen in die Länge,
Heilig, heilig treibt es aus.
Hell erklingt der Englein Schall,
Weiße Weihnacht überall.

Jonsdorf Oybin Jonsdorf

Heut steigt die Freude doppelt hoch,
In dem drei Wetterscheiden Jonsdorf.
Bergaufwärts durch die Wälder ziehn,
Winterwandel Meister Wort.

Ohne Startschuss geht es los,
In tief verschneite Sehnsucht.
Zur Reihe läuft die ganze Familie,
Bei klarer und sauberer Luft.

Felsenberg und Dorf Oybin,
Hochzeitskirche in den Steinen.
Burg und Kloster Vergangenheit,
Kurort, erst Güten sich vereinen.

Urlaubsatome richten eine kleine Welt,
Einfach lieblich steht Kulisse.
In kleiner Spur die Bimmelbahn,
Schwarzlok, schmale Wägelche.

Schnaufen, Pfeifen, heißer Kohlen Qualm.
Die Lokomotive sammelt Dampf.
Im Geläute steigen Gäste ein.
Bald Jonsdorf zurück, unser Schnee Gestampf.

Weiße Winter Wunder

Feld und Wald bedeckt in Weiß,
Eiszapfen an der Fenster Simsen.
Winterkönig erweitert sein Reich,
Fräulein Frost lässt es gefrieren.

Neuschnee glitzert, rieselt,
Glätte auf Wegen und Straßen.
Schmuck Pflanzen in bizarrer Welt,
Klirrend Kälte und rote Nasen.

Schlittschuh Kufen übers Eis,
Schneebälle im hohen Bogen.
Schlittenparty läuft im Gleis,
Schwarz geknöpfter Schneemann.

Vom Dache fällt Nebel wie zermalmt,
Durch Kälte sichtbar Dampflok Wolken.
Mancher Häuschen Schornstein qualmt,
Luft Wirbel nach steigenden Schichten.

Knirschend Zustand Stiefel Schritten,
Tier Futter Krippe prall gefüllt.
Vögel schaun verstreuten Kernen.
Wunder leis' den Schnee durchpflügt.

Der Zeit voraus

Wenn die Zeit auch steht,
Sieh, wie schnell sie vergeht.
Augenblick und Ewigkeit,
Relativ ist unsre Zeit.

Jeder trägt die Eigenzeit,
Null und Unendlichkeit zugleich.
Hast du sie, die nie vergeht,
Unfassbar Ding ins Dasein strebt.

Schön sieht sie aus auf Zifferblättern,
Vergnüglich Sekunden weiterklettern.
Sommerzeit und Winterzeit,
Umstellung und Gleichmäßigkeit.

Das Zeitalter der Liebe
Vor und nach Christus bliebe.
Im Wandel der Zeiten
Ins nächste Jahrtausend wir schreiten.

Durch Licht Geschwindigkeit begrenzt,
Neu Theorie uns trefflich glänzt.
Nein, es gibt gar keine Zeit.
Nur parallel Änderung ist Gottes Geleit.

Inhaltsverzeichnis

Gottlob 9
Beim Bäcker..10
Das Umgebindehaus 11
Heimisch Bockwindmühle................................13
Vier Jahreszeiten 14
Hurra Frühling 15
Geburtstagsgruß 16
Omi hat Geburtstag 17
Rentnerlust 19
Verzierte sorbische Ostereier 20
Lausitzer Osterreiten...22
Maiwonne 24
Schöner Gartenfreud 25
Blau-Gelb Bautzen..27
Puppentheater in Bautzen 29
Bautzen Deine Türme 31
Mit dem Bautzener Bahnhof.............................33
Sommertheater auf der Ortenburg 35
Nach den alten Weinbergen 37
Schwarze Raben..38
Urzoo Kleinwelka 39
Der Liebe 40
Waldeisenbahn..41
Bad Muskau 42
Heida Heide Muskau...43
Der Muskauer Park 44
Schach in Leidenschaft 45
Am Silbersee...47
Unser Johannes Karasek 48

Im Fluss der Spree 49
Ha zwei Oh 51
Kirschau, du hast eine Therme 53
Zuggedicht 54
Fröhliche Dichtkunst 55
Warum habt ihr aufgehört zu schreiben? 55
Im Sommer 56
Gewitter 57
Pumphut 58
Krabat 59
Zauber echter Magie 60
Ora et labora Sankt Marienstern 61
Ora et labora Sankt Marienthal 62
Oberlausitzer Sechsstädtebund 63
Görlitz sein 64
Freiheit 66
Weinlied 67
Bierlaune 68
Zittau an der Mandau 69
Lessingstadt Kamenz 70
Auf dem Rummel 71
Lauban 72
Löbau 73
Die Rose allein 74
Drachenbaum 75
Bischofswerda und der Butterberg 76
Auf zum Bieleboh 77
Raketenwacholder 78
Mein Hoyerswerda 79
Oberlausitzer Weisen 81
Herbst in Stimmung 83

Schirgiswalde 84
Moral 85
Stadt Ebersbach/Sa. 86
Heimat 87
Vagabund 88
Soziale Sicherheit 89
Arbeits-Amt-Formular 90
Arbeitslos 91
Geld 92
Sonnenglanz 93
Mondschein 94
Zittauer Gebirge 95
Hochzeit 96
Internet 98
Schwarzkollm 99
Herrnhut der Welt 100
Waldbühne Sohland 101
Landschloss Rammenau 102
Rosenthal 103
Niesky 104
Dort Königsbrück 105
Gedanken unterwegs 106
Neschwitz 107
Schürzenuhren 108
In Glück schweben 109
Ideale und Tugenden 110
Erinnerung 111
Neusalza-Spremberg 112
Fortschritt 113
Bernsdorf 114
Bernstadt auf dem Eigen 115

Zur Kino Leinwand 116
Elstra 117
Großröhrsdorf 118
Lauta 119
Neugersdorf 120
Ostritz 121
Pulsnitz 122
Literarisches Frühstück 123
Czorneboh 124
Gesunder Wald 125
Wandergeist 126
Reichenbach 127
Tanz der Feen 128
Haus der Geschenke 129
Händi 130
Rothenburg 131
Motivation 132
Fantasie 133
Ruhland 134
Erholung 135
Orakel 136
Seifhennersdorf 137
Weißenberg 138
Weißwasser 139
Leser Bibliothek 140
Ein Hunderter für Wilthen 141
Neukirch 142
Wenn Gäste kommen 143
Wittichenau 144
Obercunnersdorf 145
Baude 146

Genüsslich Auszug 147
Weihnachtsmarkt 148
Jonsdorf Oybin Jonsdorf 149
Weiße Winter Wunder 150
Der Zeit voraus 151